U0112549

闽人智慧

莆田卷

言之有理

中共福建省委宣传部
中共福建省委讲师团
编

海峡出版发行集团
福建人民出版社

"闽人智慧：言之有理"丛书编委会

目录

信念篇

主要收录有关理想、信念、立志、自强的民谚、俗语。

扫码听音

蜀枝草，
蜀点露

【注释】　蜀：一；露：露水。

【句意】　每个人都像大地上的一株草，总有机会得到清晨的一滴露珠的滋润而生存下去。

【运用】　可用于劝诫人们要相信希望总是存在的，要树立信心，生活就会有美好的前景。

莆仙方言

买猫换魈

扫码听音

【注释】 魈：借音字，仙游及莆田的山区把猫称为"魈"。

【句意】 在莆田买了猫，到仙游去换"魈"（实际也是猫），做了傻事。

【运用】 用于告诫人们要增强分辨能力，认准的事就不能被外界的言语或行动所干扰。

莆仙方言

扫码听音

天火落落烟筒空

【注释】　天火：雷电等引起的自然之火；落落：
掉进；烟筒空：烟囱孔。

【句意】　天火掉进烟囱。比喻极偶然的事件发生，
或幻想能有好运降临。

【运用】　可用于表达有理想固然好，但不能指望
天上掉馅饼。

莼仙方言

会等十八年，
赡等十八月

扫码听音

【注释】 赡：不能。

【句意】 可以等十八年，却不能再等十八个月。
比喻最后时刻缺乏耐性，不能再等待一
些时日。

【运用】 用于劝诫人们越到紧要关头，越要保持
定力，坚定信心。

莆仙方言

扫码听音

三年水流东，
三年水流西

【注释】　流东：向东流。

【句意】　风水轮流转，世事盛衰无常，难以预料。

【运用】　可用于劝诫人们不因形势不佳而灰心丧志，要保持信念以待时机。

莆仙方言

富无三代，
穷无三代

扫码听音

【句意】　富人家可能会在三代之内家道中落，穷
　　　　　人家也可能会在三代之内改变困境。

【运用】　一方面告诫人们居安思危，另一方面勉
　　　　　励人们人穷志不能穷，要有毅力、肯努力。

莆仙方言

扫码听音

争气不争财

【句意】 又说"争气不争物"。该争气时要争气，财物上的得失事小，尊严上受损事大。

【运用】 用于劝诫人们把目光放长远，保持志气和骨气，不过于计较眼前的、物质上的得失。

莆仙方言

年年十八岁，
日日三十暝

扫码听音

【注释】 三十暝：这里指除夕夜。

【句意】 永远保持 18 岁时向往美好的心态，将普通、平凡的日子过成像过年时那样欢乐、满足。

【运用】 本句有正、反两种用法。正面用法如"句意"所述，反面用法用于劝诫，句前加否定词，如"不可""不能"等。

莆仙方言

扫码听音

脚肚会大介大

【注释】 脚肚：这里泛指腿部；会大：会变粗；介：
自己。

【句意】 腿部变粗，增强的是自己的力量。

【运用】 用于形象说明自力更生、奋发图强的重
要性，劝勉人们自立自强，奋起作为。

手指那会弯内

扫码听音

【注释】 那：只。

【句意】 手指只能往内弯，往外弯则疼痛难忍。
比喻袒护自家人是人之常情。

【运用】 可用于表达人们做人做事首先要考虑自
身所处的立场，首先要维护所在团体的
利益。

主要收录有关方向、立场、站位的民谚、俗语。

目镜戴合花

【注释】 目镜：眼镜；合花：合适的度数。

【句意】 佩戴眼镜，眼镜度数适合自己的才好。

【运用】 可用于表达做事要依据自身的实际情况判断和决策。意同"鞋子合不合脚，自己穿了才知道"。

莆仙方言

月娘畏指

扫码听音

【注释】　月娘：月亮；指：用手指指点。

【句意】　民间传说如果小孩子用手指指点当空月亮，耳朵就会被割伤。比喻受不得一点批评，稍微受批评就会生气。

【运用】　可用于从反面阐述做人做事只要经得起实践检验，就不要畏惧别人指点。

莆仙方言

扫码听音

鱼会南日山

【注释】 会：聚集；南日山：南日岛，莆田第一大岛，是著名渔岛。

【句意】 比喻各种各样的人都聚集在一起。又说"鱼哄（莆仙话里音为"凤"）南日山"，用以比喻传闻虽多，但内容并不真实。

【运用】 用于告诫人们在众说纷纭的情况下，要具备甄别能力，不要人云亦云。可用于表达要增强政治判断力、鉴别力。

莪仙方言

侬食米粉，
汝喝滚

扫码听音

【注释】 侬：人家；米粉：兴化米粉；汝：你；喝：大声叫；滚：滚烫。

【句意】 看人家吃着热腾腾的米粉，自己在一旁大叫着"米粉滚烫"，多管闲事。

【运用】 用于劝诫人们要明白自己的站位，不能没有立场地为别人摇旗呐喊。

莆仙方言

扫码听音

食曹操厄饭，算刘备厄计

【注释】　厄：的；算：想。

【句意】　在曹操阵营吃饭，心中却牵挂刘备阵营。出自莆仙戏《徐母骂曹》。剧中人物徐庶被曹操骗到许昌后，身在曹营心在汉。

【运用】　可用于比喻某人立场摇摆，食人之禄却不忠人之事。

莆仙方言

伯喈一心挂双头

扫码听音

【注释】　出自莆仙戏《蔡伯喈》。书生蔡伯喈中了状元，被迫入赘牛相府。他既挂念家里的结发妻子，又无法舍弃新妇，进退两难。

【句意】　伯喈脚踏两只船，一心二用。

【运用】　可用于反讽立场不坚定。

莆仙方言

顶半暝肖鸡，
下半暝肖鸭

【注释】 顶半暝：上半夜；肖：属相；下半暝：
下半夜。

【句意】 上半夜属鸡，下半夜属鸭。十二生肖里
并没有"鸭"，这里是一种戏谑的说法。

【运用】 用于反讽某人立场不坚定，改变主意太快。

饲囝不论饭顿钱

扫码听音

【注释】　饲囝：养育孩子；饭顿：每顿饭。

【句意】　抚养孩子是父母的责任，不计较投入多少、回报多少。

【运用】　可用于表达要多奉献，不要计较个人利益得失。

主要收录有关民本、人本思想理念的民谚、俗语。

扫码听音

意好吃水都是甜的

【句意】　本意在夸赞为人不忘本。后用于比喻礼
　　　　　薄情意厚，重在情意而不在礼物本身。

【运用】　可用于形容干群关系，与人民同甘共苦，
　　　　　就是一同喝水也是甜的。意近"有盐同咸，
　　　　　无盐同淡"。

莆仙方言

轿下喝苦，
轿顶亦喝苦

扫码听音

【注释】　喝：大声叫；轿顶：指坐在轿子里的。

【句意】　抬轿子的大声叫苦，坐轿子的被颠簸也
大声叫苦，但是两种苦根本没有可比性。
讽刺不知足者。

【运用】　可用于告诫为政者要真正深入群众，切
实感知群众冷暖。

莆仙方言

扫码听音

分 殽 平，
拍 青 盲

【注释】　殽平：不平均，不公平；拍青盲：打成
了盲人。

【句意】　分配不公平，会产生诉诸武力的恶果。

【运用】　可用于劝诫人们秉公办事，实现社会公
平正义。

莆仙方言

单竹觗成排

扫码听音

【注释】　单：数量词，这里指一根；觗：不会。

【句意】　一根竹子做不成竹排。

【运用】　可用于表达要群策群力、发挥集体的智慧和力量。

莆仙方言

扫码听音

三股拍成索

【注释】　三股：三根；拍成索：拧成绳子。

【句意】　一根绳子容易断，而三根绳子拧起来就结实多了。

【运用】　用于表达要团结群众，发挥人民群众的力量。

莆仙方言

庐鼠泅过溪
——侬侬喝拍

扫码听音

【注释】　庐鼠：老鼠；喝：大声叫；拍：打。

【句意】　老鼠泅水过溪无处着力，且速度远不及在陆上，面临人人喊打的境地。

【运用】　用来劝诫人们做人做事要顺应民心，不做害人之事，否则像老鼠一样被人痛恨。意同"老鼠过街人人喊打"。

莆仙方言

扫码听音

火钳弥短会强手

【注释】　火钳：用来夹柴火进炉灶里的铁钳子；
　　　　　弥短：再短；强：比……强。

【句意】　火钳虽然短，但是用来夹柴、拨柴，也
　　　　　强过用手送柴火进灶膛。工具再差，也
　　　　　胜过赤手空拳。

【运用】　用于表达凡事要善于运用工具、借助外
　　　　　力。也可表达要善于团结他人，发动群
　　　　　众力量。

莆仙方言

轻担会强重举

扫码听音

【注释】　强：比……强；举：此处指放置在同一头来挑。

【句意】　同样的重量，两头挑总比一头挑来得轻松。

【运用】　可用于表达团结协作力量大，要善于发动群众的力量来推动事业的发展。

莆仙方言

扫码听音

七枪九连长

【注释】　七枪：这里指七个士兵。

【句意】　只有七个兵却配有九位连长。也指在发
表意见时，意见不一，难以统一。

【运用】　用于反讽兵少将多、政出多门，难以统
一领导或难以形成合力。

莆仙方言

手掌甲带蜀块肉

扫码听音

【注释】　带：连带；蜀：一。

【句意】　指甲与肉长在一起。比喻关系亲密，情感上割舍不断。

【运用】　可用于形容干群关系，干部要始终与群众心连心、同呼吸、共命运。

莆仙方言

扫码听音

灶倒烟筒崩

【注释】 烟筒：烟囱。

【句意】 灶倒了，烟囱也随之崩塌。

【运用】 可用于形容命运息息相关。意同"唇亡齿寒"。

劝学篇

犏学行,
卜学飞

扫码听音

【注释】 犏：不，不曾；行：走路；卜：想要。

【句意】 还没学走路，就想要学飞。比喻基础不牢就想一步登天。

【运用】 用于表达学习需要脚踏实地。也可表达学习要舍得花精力。

扫码听音

三十年前师度弟，
三十年后弟度师

【注释】　度：超度；弟：徒弟。

【句意】　三一教创始人林兆恩早年经常向卓晚春请教，创立"三教合一"学说和发明气功疗法"艮背法"后声名日远，连卓晚春也经常移樽就教，故有本谚。形容后来者居上。

【运用】　可用于表达学无止境，应时刻保持学习热情，活到老学到老。也可用于表达青出于蓝而胜于蓝。

莆仙方言

田园万顷，
伨如薄艺随身

扫码听音

【注释】　田园：旱地水田的总称；伨如：不如；
　　　　　薄艺：小手艺。

【句意】　即使有万顷良田，也应该要掌握一些可
　　　　　以用来谋生的小手艺。

【运用】　用于劝诫人们不能"吃老本"，要掌握
　　　　　点真本领，才能走得更长远。

莆仙方言

扫码听音

扒鼎十八手

【注释】 扒鼎：刮除锅外面的烟灰，农村多用锄头扒除；十八手：十八种方式，泛指方法很多。

【句意】 刮除锅外面的烟灰，有很多种方法。

【运用】 用于表达看似简单的工作，想干得出色，也必须深入钻研。

莆仙方言

厝近孔子庙
——狗会别字

扫码听音

【注释】 厝：房子；别字：识字。

【句意】 住宅靠近孔庙，连家里的狗都识字。

【运用】 可用于说明良好的学习教育环境的重要性。意同"近朱者赤"。

莆仙方言

扫码听音

猪八戒食人参果
——怀知向味素

【注释】　怀知向：不知道；味素：味道。

【句意】　出自《西游记》。孙悟空把果子分给猪
八戒、沙僧，猪八戒性急，一口把果子
吞下去，什么味道也没有尝出来，还想
让孙悟空再去偷一个。形容不经咀嚼直
接吞咽是品尝不出好味道的。

【运用】　用于劝诫人们读书要细读细品，不可囫
囵吞枣。

莆仙方言

吃老学爬

扫码听音

【注释】　吃老：活到老。

【句意】　年纪大了还像小娃娃那样学习爬行，未免为时过晚。

【运用】　用于劝诫人们读书学习要趁年轻，如果错过了学习知识的黄金年龄，记忆力减退、精力不足，学习效果会大打折扣。

莆仙方言

扫码听音

摔倒准拰艺

【注释】 准：当作；拰艺：学到某种技艺。

【句意】 做某件事即使失败了，也可以当作学到
了避免再次失败的本领。

【运用】 可用于劝诫人们应当汲取失败的教训，
增强继续前进的智慧和力量。意近"吃
一堑，长一智"。

刜人蜀抱火

扫码听音

【注释】　刜人：杀人；蜀：一；一抱火：一股气。

【句意】　有时杀人是一时火气上攻、丧失理智所致。

【运用】　用于劝诫人们遇事应当冷静，不要过分冲动，以免酿成大祸。

扫码听音

家和万事成，
家不和厝边欺

【注释】　厝边：邻居；欺：被欺负，被鄙视。

【句意】　家和万事兴，家庭内部不够和睦有可能
会被邻居欺负。

【运用】　可用于劝诫人们应当团结一心，拧成一
股绳。

莆仙方言

好竹出好笋

扫码听音

【注释】　出：产出。

【句意】　好的竹子才会有好的竹笋。比喻只有好
的父母才可能培养出好的下一代。

【运用】　用于说明良好家风的重要性。

莆仙方言

扫码听音

容狗爬上灶，
容囝囝不孝

【注释】　容：纵容，溺爱；囝：孩子。

【句意】　纵容家犬爬上灶台。一味溺爱孩子，孩子难以成为孝子。

【运用】　用于说明家庭教育的重要性。

莆仙方言

做细偷捻茄，
做大偷牵羊

扫码听音

【注释】　做细：小时候；捻：摘；做大：长大了。

【句意】　小时候偷摘茄子，长大了可能就会去偷羊。

【运用】　可用于劝诫小孩子从小就要诚实守法，
　　　　　"勿以恶小而为之"。

莆仙方言

扫码听音

学好三年，
学歹三日

【注释】　歹：坏，指坏习惯。

【句意】　学习好人做好事，要花很长时间，而学
坏人做坏事，则不消三日。

【运用】　用于劝诫人们应当多向善，不学坏。意
同"从善如登，从恶如崩"。

莆仙方言

送菜回猪脚

扫码听音

【注释】　回：还礼。

【句意】　莆田习俗重视礼尚往来，别人送来蔬菜，拿猪蹄作为还礼。

【运用】　可用于表达受人滴水之恩，当涌泉相报。

扫码听音

做田好田边，住厝好厝边

【注释】 做田：种田；厝：房屋，住宅。

【句意】 种田有邻地，居处有邻居，互相谦让才会有和睦关系。

【运用】 用于表达人们应当和睦相处。

莆仙方言

勤勤做，
俭俭食

扫码听音

【注释】　勤勤：勤奋地；俭俭：节俭地。

【句意】　应当勤奋工作、简朴生活。

【运用】　用于倡导勤劳朴实的生活作风。

莆仙方言

扫码听音

劝侬蜀句值千金，
怂侬蜀句古井深

【注释】　蜀：一；怂：怂恿，挑拨。

【句意】　息事宁人，德比千金；挑拨罪深，深比
　　　　　古井。

【运用】　可用于劝告人们应当与人为善，以和为
　　　　　贵，促进和谐。

莆仙方言

食茄捻蒂

扫码听音

【注释】　捻：摘。

【句意】　原为"行桥念施"，出自莆仙戏《目连救母》，指走过桥就要感念造桥人的功德，为剧中人物傅相教导儿子的话。后因音近而误作"食茄捻蒂"。

【运用】　可用于劝诫人们要饮水思源，知恩图报。

莆仙方言

扫码听音

投侬无好话

【注释】 投侬：在背后数落人家。

【句意】 数落他人的话总不会是好话。

【运用】 用于劝诫人们为人做事应光明坦荡，不要在背后说人坏话。

莆仙方言

蜀侬好，两侬好；
蜀侬歹，两侬歹

扫码听音

【注释】　蜀：一；歹：坏。

【句意】　你对别人好，别人也会对你好；你对别人不好，别人也不会对你好。

【运用】　用于劝诫人们打开心结或放下成见，化解敌意或矛盾，友好相处。

扫码听音

花篮厮掼

【注释】　花篮：指用竹片和藤编织并上漆的一
种篮子（莆田民间凡是亲朋好友有喜
事，都会用花篮装上线面、糕点、猪
脚等礼品亲自送上门）；厮：相互；掼：
提，拎。

【句意】　指关系亲密，礼尚往来。

【运用】　可用于表达要团结友爱，共建共享美好
生活。

嘴门嘴齿都会厮搭

扫码听音

【注释】　嘴门：嘴唇；嘴齿：牙齿；厮搭：相互碰撞。

【句意】　嘴唇和牙齿避免不了相互碰撞，再亲密也难免会发生摩擦，但唇齿相依，应该相让，不致矛盾激化。

【运用】　用于劝诫人们要抓住主要矛盾，看清主流、本质，不要纠结于小问题、小矛盾。

主要收录有关实事求是、矛盾论等哲学思想的民谚、俗语。

扫码听音

爱如金，怀爱如土

【注释】　爱：喜欢；怀：不。

【句意】　对于同一事物，喜欢的人视其如金银宝贝，不喜欢的人视其如粪土。又说"有用如金，无用如土"。

【运用】　可用于表达人们对事物的评价可能因态度不同、需求不同而存在差异。

莆仙方言

蜀时獪并蜀时

扫码听音

【注释】　蜀：一；獪并：不能比。

【句意】　此一时，彼一时。

【运用】　用于告诫人们要用发展的眼光看问题，认清时势变化，做到顺时应势。

莆仙方言

扫码听音

庐鼠食芽油
——命拼命

【注释】　庐鼠：老鼠；芽油：麦芽糖；命拼命：
十分拼命。

【句意】　麦芽糖很黏，老鼠偷吃它需要有豁出性
命的劲。

【运用】　用于劝诫不能为了得到某种利益而冒巨
大风险。也可形容高收益与高风险相伴
而生。

莆仙方言

油甘橄榄命
——先苦后甜

扫码听音

【注释】　油甘：余甘。

【句意】　余甘跟橄榄一样，初食时有涩味，但愈嚼愈甘美。

【运用】　用于表达要用发展的眼光看待事物。也可比喻忠言逆耳，受之有益。

莆仙方言

扫码听音

大石亦着石囝砧

【注释】　着：应该；石囝：小石头；砧：垫着。

【句意】　大石头必须要有小石头垫着才稳固。

【运用】　用于表达事物即使再微小也有其用途。

莆仙方言

七阿卜笑八阿

扫码听音

【注释】 阿：……的样子；卜：想要。

【句意】 两者水平半斤八两，却相互嘲笑。

【运用】 可用于表达看待问题要透过现象看本质，指出别人的错误时，要反省自己是否犯了同样的错误。意同"五十步笑百步"。

莆仙方言

扫码听音

百步棋，
百步解

【注释】　解：应对方法。

【句意】　比喻针对不同问题有不同的解决方法。

【运用】　可用于表达要具备应对不同局面的能力，做到见招拆招，具体问题具体分析。

莆仙方言

袂撑船嫌溪阔

扫码听音

【注释】 袂：不会；嫌：埋怨。

【句意】 不会撑船，却埋怨溪水太宽。形容自己没本事，却埋怨客观条件不好。

【运用】 用于表达发现问题，要多从自身找原因，不要总是找各种借口推卸责任。

莆仙方言

扫码听音

多衣多寒

【注释】　寒：受寒。

【句意】　冬天衣服穿得多，抗寒能力反而差。

【运用】　用于告诫人们做事应当适可而止，若是没把握好尺度，容易过犹不及。

莆仙方言

十指伸出有长短

扫码听音

【注释】　有长短：有长有短。

【句意】　同一个人的十根手指长短都是不一样的。比喻人或事物总有差异，不可能完全一样；也可表达没有十全十美的人。

【运用】　可用于表达在管理上，要注重发挥不同领域、不同区域、不同群体各自独特优势，统筹兼顾，协调发展。

莆仙方言

扫码听音

秧好蜀半粟

【注释】　蜀：一；粟：谷子。

【句意】　秧苗的好坏很大程度上决定了谷子的收成情况。

【运用】　用于表达事物发展变化，内因起决定作用；也可用于表达好的开端是成功的一半，做事要开好局、起好步。

庐鼠走铁钉店
去讨食

扫码听音

【注释】　庐鼠：老鼠；走：跑；讨：找。

【句意】　老鼠跑到铁钉店里去找吃的。

【运用】　用于说明方向不对将导致一无所获。

主要收录表达按客观规律办事、有技巧地办事等科学工作方法的民谚、俗语。

扫码听音

囝死看药单

【注释】　囝：孩子。

【句意】　等到孩子医治无效死去了才去看药单上开的处方。比喻于事无补的后续活动。

【运用】　用于劝诫人们做事要提前谋划、及时着手，不要等事情到了无可挽回的地步，才想着去弥补，那样是于事无补的。

莆仙方言

硬柴硬柴櫼

扫码听音

【注释】 硬柴：硬木；櫼：木楔，插在卯榫结构里的木片。

【句意】 卯榫结合时，如果它们都是硬木，还用硬木楔子来加固，就很难结合得紧密结实。比喻做事硬碰硬，不知灵活处理。

【运用】 用于表达遇到复杂急难情况时，不可用蛮力硬碰硬，应讲求柔性处理。

莆仙方言

扫码听音

关公面头前使大刀

【注释】　面头前：面前。

【句意】　即"关公面前耍大刀"。

【运用】　用于告诫人们应有自知之明，不可不自
　　　　　量力。意同"班门弄斧"。

莆仙方言

拍蛇拍七寸

扫码听音

【注释】　拍：打；七寸：蛇的要害部位。

【句意】　打蛇要打到它的要害部位。

【运用】　用于表达处理问题要抓住要害、抓住关键，问题才能迎刃而解。

莆仙方言

庐鼠顾后日

【注释】　庐鼠：老鼠；后日：今后，将来。

【句意】　老鼠懂得储藏食物以备将来之需的道理。

【运用】　用于劝诫人们眼光要放长远，为未来发展做好规划。

莆仙方言

卖市不卖货

扫码听音

【注释】　卖市：指卖的是市场的好行情、好时机。

【句意】　商品畅销，原因不仅仅是货物本身质量好，还要能够把握甚至引领市场行情，这样收获的利润肯定远远超过单纯卖货。

【运用】　用于告诫人们要善于掌握事情发展态势，把握机遇。

莆仙方言

扫码听音

池厄无水，卜算饲鱼

【注释】　池厄：池塘里；卜算：却想；饲：养。

【句意】　池子里没有水，却想着要养鱼。

【运用】　用于表达做事要从现实的基础条件出发进行综合考量，否则只能是空谈或幻想。

莆仙方言

锣鼓缝挱白

扫码听音

【注释】　锣鼓缝：指锣鼓声中；白：念白。

【句意】　又说"锣鼓缝插白"。莆仙戏演出一般以
锣鼓开场，如果在锣鼓声大作的时候插入
说白，说白的声音就会被锣鼓声淹没。

【运用】　用于表达说话要注意场合，做事要把握
时机，讲求策略。

莆仙方言

行山看山势

【注释】 行山：走山路。

【句意】 喻指要灵活机动，见机行事。

【运用】 用于表达做事要事先在大方向上做好分析预判，然后根据实际情况顺势而为。

莆仙方言

刘备分状元香

扫码听音

【注释】　状元香：莆田荔枝名种之一。

【句意】　出自莆仙戏《甘露寺》。刘备依诸葛亮之计，一到东吴，就命军士到处分发"状元香"荔枝，以张扬刘备和孙权妹妹结亲之事。孙权无计可施，只好作罢。比喻制造舆论，促成事实。

【运用】　用于表达要重视新闻舆论工作。

莆仙方言

窝缸里使锤

【注释】　窝缸：水缸。

【句意】　在水缸里抡锤子，有力用不上。

【运用】　用于告诫人们做事要看场合，不能盲目蛮干。

莆仙方言

那当田等秧，
怀通秧等田

扫码听音

【注释】　那当：只应该；怀通：不要，不可以。

【句意】　插秧播种有最适宜的时间段，应当先犁好田等着插秧，而不是等有秧苗后再去整理田地。

【运用】　用于表达做事要提前做好规划，不可主次颠倒。

莆仙方言

扫码听音

暝长织无布

【注释】 暝：夜。

【句意】 过去织布的人大多在夜间工作，往往觉得反正夜晚特别漫长，结果越拖越织不出布料来。

【运用】 可用于劝诫人们做事要抓紧时间，不要拖拉。

生态篇

前去蜀簸箕,
后去蜀大簸

扫码听音

【注释】 蜀:一;大簸:一种形如大簸箕的晒物
竹编器具。

【句意】 前面已失去了一簸箕东西,后面更失去
一大簸东西。比喻两面受损,祸不单行。

【运用】 可用于告诫要统筹抓好生态文明建设,
避免片面追求经济发展而对生态环境造
成破坏。

主要收录说明保护生态和可持续发展重要性的民谚、俗语。

扫码听音

地瘦栽松柏，家贫子读书

【注释】　地瘦：土地没有肥力。

【句意】　土地贫瘠最好种植松柏，家境贫寒就让孩子去读书。宋代莆田学子黄公度和陈俊卿分别中状元、榜眼，宋高宗问两人"卿土何奇"，黄公度答"披锦黄雀美，通印子鱼肥"，陈俊卿答"地瘦栽松柏，家贫子读书"。

【运用】　既可用于勉励学子认真学习，又可用于倡导植树造林、涵养生态，皆劝人着眼长远发展。

莆仙方言

有风灾，
有树箬

扫码听音

【注释】 风灾：台风；树箬：树叶。

【句意】 几家欢乐几家愁，台风是天灾，却给捡树叶的人带来了意外收获。

【运用】 可用于说明有的自然力量虽然具有破坏性，但也有可利用的一面。

莆仙方言

扫码听音

雨落东西乡，
水淹南北洋

【注释】 东西乡：指仙游东西乡平原，为木兰溪
的上游；南北洋：指木兰陂以东的木兰
溪两岸兴化平原。

【句意】 曾经的木兰溪流域，只要上游的仙游东
西乡片区下大雨，下游的兴化平原就水
流漫滩，引发洪涝灾害。

【运用】 木兰溪治理工程使此地焕发新的生机。
本谚可用于从古今对比的角度阐释生态
文明建设的重要意义。

好酒坠瓮底

扫码听音

【注释】　坠：沉淀；瓮：盛酒的陶缸。

【句意】　缸底的陈酒更醇香。

【运用】　用于表达好东西在后头。也可表达做事
　　　　　情坚持不懈，肯定会有让人满意的结果。

主要收录表达真抓实干重要性的民谚、俗语。

扫码听音

天顶落落尾，
亦着厄早去拔

【注释】　落落尾：下来，掉下来；着：应该；厄早：早一点；拔：捡。

【句意】　如果天上真能掉下什么东西来，也应该早点去捡才能捡到。

【运用】　用于表达无论做什么事都应当手脚勤快，机会总是留给有准备的人。

莆仙方言

这爿山看许爿山草蓊

扫码听音

【注释】 爿：边；许：那个；蓊：草木茂盛的样子。

【句意】 草木近处看都显得比较稀疏，但从远处看都显得比较茂盛。旧时人需要上山砍柴，抬头一看总觉得别的山头柴草更茂密，总想换个山头试试，因而有此谚。

【运用】 用于讽喻不安心工作的行为。意近"这山望着那山高"。

莆仙方言

扫码听音

嫸生囝，
先号名

【注释】　嫸：不，不曾；囝：孩子；号名：取名字。

【句意】　孩子还没出生，先取名字。传说源于仙游王举人在九鲤湖祈梦得子的故事。

【运用】　用于讽喻还没做出成绩就想着宣扬或庆功。

莆仙方言

蜀途精，
会赚金

扫码听音

【注释】　蜀途：指一门手艺或某一行业；赚金：
　　　　　赚到钱。

【句意】　只要能精通一门手艺，是可以靠这门手
　　　　　艺谋生或赚到钱的。

【运用】　用于鼓励人们要干一行爱一行，入行后
　　　　　若能做到精通的程度，就会有实实在在
　　　　　的收获。

莆仙方言

扫码听音

蜀个猪脚落落井，
日日食油糜

【注释】 蜀：一；落落：掉落到；食：吃；油糜：指猪油调味的粥。

【句意】 一只猪蹄掉到井里，就想着天天有猪油粥吃。比喻幻想一劳永逸。

【运用】 用于劝诫人们不能指望一劳永逸，应久久为功。美好生活都是奋斗出来的。

莆仙方言

三年拍蜀闰

扫码听音

【注释】 拍：遇上；蜀：一；闰：农历闰年。农历的一年是 354 天至 355 天，一个回归年约为 365 天 5 小时 48 分 46 秒，两者相差时间约每三年积累成一个月，增加的这个月为农历闰月，这一年也称为农历闰年。

【句意】 三年才能遇到一个农历闰年。比喻机会不多或机会不容易碰上。

【运用】 可用于告诫人们应当潜心积攒力量，以更好把握住转瞬即逝的机遇。

莆仙方言

扫码听音

勤心拍石石成花

【注释】 勤心：专心；拍：打，凿。

【句意】 专心凿石能雕出像花一样的石头。

【运用】 可用于引导人们做事要锚定目标，坚持不懈。意同"只要功夫深，铁杵磨成针"。

莆仙方言

坐食山崩，
做食赡空

扫码听音

【注释】　食：吃；做：干（活）； 赡：不会。

【句意】　坐吃山空，而勤劳做事就不会出现这种
　　　　　情况。

【运用】　用于劝诫人们不能懒惰，要勤奋努力，
　　　　　撸起袖子加油干，创造美好生活。

扫码听音

带鱼交给猫子做枕头

【注释】　猫子：猫。

【句意】　猫喜欢荤腥，带鱼交给猫的话迟早会被猫吃掉。比喻把某物交给贪心的、不可靠的人保管。

【运用】　可用于表达反腐倡廉要做好制度建设，打造不能腐的制度环境。

莆仙方言

鸭卵弥密都有缝

扫码听音

【注释】　卵：蛋；弥：再。

【句意】　再密实的鸭蛋都会有缝隙。

【运用】　用于劝诫人们要能经受住外界的诱惑，也可用于表达"若要人不知，除非己莫为"。

莆仙方言

扫码听音

龙华厄猫子
——食斋

【注释】 龙华厄猫子：龙华村的猫；食斋：吃素。

【句意】 旧传龙华村的村民吃素，所以他们养的
猫也吃素。这一传说不符合事实。

【运用】 可用于表达即使"清水衙门"也要注意
防止腐败，防止"清水衙门"开闸门、"清
水衙门"水不清的情况。

莆仙方言

桥还桥，
路还路

扫码听音

【注释】 还：就是。

【句意】 桥和路虽然都是用来便利交通的，但两
者构造不同，要分得清彼此，不能混为
一谈。

【运用】 可用于劝诫人们做事要公私分明，不该
逾越的红线坚决不能逾越。也可用于形
容"亲""清"新型政商关系。

莆仙方言

扫码听音

细空无补，
大空叫苦

【注释】 细空：小窟窿；无补：没有补；大空：
大窟窿。

【句意】 小窟窿没有及时去补，到变成大窟窿难
以修补的时候开始叫苦。

【运用】 用于劝诫人们遇到小问题要及时解决，
以免酿成大错。要时刻注意防止出现"破
窗效应"，防止小漏洞累积成系统性风险。

莆仙方言

海瑞衙门
——无床无椅

扫码听音

【注释】　床：桌子。

【句意】　海瑞一生为官清廉，去世时家无财物，由同僚出资办丧。他的衙门里摆设也很简单。

【运用】　可用于形容为官清正廉洁、两袖清风。

莆仙方言

扫码听音

石头浸久会上青苔

【注释】　上：长出。

【句意】　石头在水里浸泡久了就会长出青苔。

【运用】　用于劝诫人们要自觉抵制不良风气侵袭。
意同"常在河边走，哪有不湿鞋"。

莆仙方言

饲庐鼠,
咬铺袋

扫码听音

【注释】　庐鼠：老鼠；铺袋：麻袋。

【句意】　养的老鼠咬破麻袋。

【运用】　可用于表达反腐败要抓早抓小，不可姑息养奸。

莆仙方言

扫码听音

烂番薯囥污囥走

【注释】　番薯：地瓜，红薯；囥……囥……：越……
越……；污：传染，传播；走：跑。

【句意】　地瓜堆里，坏的地瓜会一个传染一个，所
以一旦发现有烂地瓜，应当及时拣出来。

【运用】　可从反面说明防微杜渐的必要性，告诫
人们应当在错误的思想行为刚有苗头时
就加以制止，有问题早发现、早处理。

莆仙方言

猫子囝吃囝嗷

扫码听音

【注释】 猫子：猫；囝……囝……：越……越……；
嗷：猫叫的声音。

【句意】 猫在吃食物时往往会不停地叫，希望主
人再给一些。

【运用】 用于讽刺腐败者在受贿索贿的陷阱里越
陷越深。

后　记

　　谚语是广大人民群众在漫长的生产生活中不断总结和凝炼的语言。其俗在于"通"，因为由经验而来，说的是身边事物，借喻来自日常，所以有情趣、通人情，因而更能让人会心；其雅在于"理"，因为要表达更加普遍的意义和推广更加核心的价值，所以借以传道、论道、说道，因而引人入胜，发人深省。人民群众就是这样在日常交谈、交往中传递着对真、善、美的理解与追求。中华文化精神和社会核心价值观就是依托这样的载体，为人民群众日用不绝，甚至不觉。

　　福建地处我国东南，在长期的历史演进中，区域文化形成的生活经验、风土人情、习俗观念等大量信息作为文化基因沉淀在方言谚语、俗语之中。这些看似零碎、朴实，实则洗练、深刻的民谚俗语，凝结着闽人在千百年来形成的经验知识、社会规矩、人生启示、朴素思辨，携带着恒久的群体记忆和广泛的思想认同，承载着悠久而璀璨的"闽人智慧"。在用来析事明理时，运用一两句经典民谚俗语，往往能够起到迅速引发共鸣、令人心领神会的效果。

　　福建省委宣传部、省委讲师团组织编写的"闽人智慧：言之有理"丛书，将那些闪耀哲理光芒、富有理论魅力、契合新时代精神的民谚俗语收集、提取出来，并进行融媒体加工，通过深入的调查研究，去粗存精、好中选优，让它们世世代代传承下去。

考虑到福建方言具有多中心的特点，丛书以全省九个设区市及平潭综合实验区作为方言代表点，编写十本分册，每本分册对当地主要方言谚语都有收集。册内篇章分信念、立场、民本、劝学、为善、辩证、方略、生态、笃行、廉洁十个篇目，便于读者使用。

著名方言专家、福建师范大学文学院原教授、博士生导师陈泽平担任丛书的策划、审订工作。在全省各地党委宣传部门、党委讲师团和各地方言专家、学者的协同努力下，编委会选定了近千条具有浓厚方言特色和时代意义的民谚条目，并进行篇目分类，组织编写注释、句意和运用。遗憾的是，陈泽平教授在完成书稿审订工作后不久因病辞世。

我们还邀请各地方言专家为所有方言条目录制慢速和正常语速两种音频，在书中每个方言条目边上配二维码，使之更加便于读者的学习使用。由于各地方言的特殊性，能读懂、读清楚这些方言的专家年纪都不小，有的专家虽然行动不便，仍坚持在录音棚里一遍遍地录音，直到录得满意的音频。书稿编辑完成后，著名语言学家、厦门大学中国语言文学系教授、博士生导师、福建省语言学会原会长李如龙和著名文史学家、福建省文史研究馆原馆长卢美松分别从方言学角度和文史学、社会学等角度对丛书给予充分肯定并向广大读者推荐本丛书。在此，我们向以上专家对本书作出的贡献表示诚挚的感谢，对作出重要贡献却未能见到本丛书面世的陈泽平教授表示深切缅怀。

相信本丛书的出版对于广大读者从方言谚语中了解当地习俗典故、传承优秀传统文化、习得"闽人智慧"和增强文化自信，都具有现实意义。

由于福建方言繁复而庞杂，即使在同一方言区里，不同县市、乡镇的方言也各有差异，囿于篇幅，书中存在的不足和疏漏之处，敬请大家批评指正。

本书编委会

2023 年 12 月

鸣　谢

　　"闽人智慧：言之有理"丛书在编写过程中得到了各设区市党委宣传部、讲师团和平潭综合实验区党工委宣传与影视发展部的大力支持！参与本丛书编写、修改或音频录制工作的人员名单如下：

福州卷

| 陈日官 | 张启强 | 高迎霞 | 张　武 | 黄　晓 |
| 蔡国妹 | 陈则东 | 唐若石 | 许博昕 | 林　静 |

厦门卷

| 周长楫 | 刘宏宇 | 江　鹏 | 张　琰 | 柯雯琼 |

漳州卷

| 黄瑞土 | 王叶青 | 郭外青 | 蔡榕泓 |

泉州卷

| 郭丹红 | 郭焕昆 | 蔡俊彬 | 林达榜 | 吴明兴 |
| 熊小敏 | 王建设 | 蔡湘江 | 朱媞媞 |

三明卷

| 肖永贵 | 邓衍淼 | 邓享璋 | 肖平军 | 夏　敏 |
| 邓丽丽 | 陈　卓 | 邱泽忠 | 陈　丹 | 林生钟 |

莆田卷

| 苏志军 | 刘福铸 | 林慧轻 | 林　杰 | 林盈彬 |
| 黄　键 |

南平卷

肖红兵　黎　玲　黄新阳　吴传剑　黄秀权

程　玲　徐　敏　黄丽娟　祝　熹　杨家茂

林培娜　徐跃红　徐文亮　吴雪灏　陈灼英

施　洁　谢元清　郑丽娜　姜　立　谢梦婷

龙岩卷

陈汉强　杨培武　陈大富　苏志强　谢绍添

宁德卷

王春福　吴海东　罗承晋　林毓秀　林毓华

钟神滔　吴德育　陈玉新　刘文杰

平潭卷

詹立新　李积安　林贤雄　林祥鹭

特此致谢！

本书编委会

2023 年 12 月

图书在版编目（CIP）数据

闽人智慧：言之有理. 莆田卷 / 中共福建省委宣传部，中共福建省委讲师团编 . --福州：福建人民出版社，2023.12
ISBN 978-7-211-08862-1

Ⅰ.①闽… Ⅱ.①中… ②中… Ⅲ.①汉语方言—俗语—汇编—莆田 Ⅳ.①H17

中国版本图书馆 CIP 数据核字（2022）第 051801 号

闽人智慧：言之有理（10 册）
MINREN ZHIHUI：YANZHI YOULI

作　　者：中共福建省委宣传部　中共福建省委讲师团
责任编辑：周跃进　李雯婷　孙　颖
美术编辑：白　玫
责任校对：林乔楠
出版发行：福建人民出版社　　　　电　　话：0591-87533169（发行部）
地　　址：福州市东水路 76 号　　　邮　　编：350001
网　　址：http://www.fjpph.com　电子邮箱：fjpph7211@126.com
经　　销：福建新华发行（集团）有限责任公司
装帧设计：雅昌（深圳）设计中心　冼玉梅
印　　刷：雅昌文化（集团）有限公司
地　　址：深圳市南山区深云路 19 号
电　　话：0755-86083235
开　　本：889 毫米×1194 毫米　　1/32
印　　张：37.25
字　　数：255 千字
版　　次：2023 年 12 月第 1 版　　2023 年 12 月第 1 次印刷
书　　号：ISBN 978-7-211-08862-1
定　　价：268.00 元（全 10 册）